Impressum
Verlag: BABADADA GmbH, Nedderfeld 112 , 22529 Hamburg
Geschäftsführer / Verlagsleitung: Harald Hof
Druck: Books on Demand GmbH, In de Tarpen 42, 22848 Norderstedt

Imprint
Publisher: BABADADA GmbH, Nedderfeld 112 , 22529 Hamburg, Germany
Managing Director / Publishing direction: Harald Hof
Print: Books on Demand GmbH, In de Tarpen 42, 22848 Norderstedt, Germany

школа

məktəb

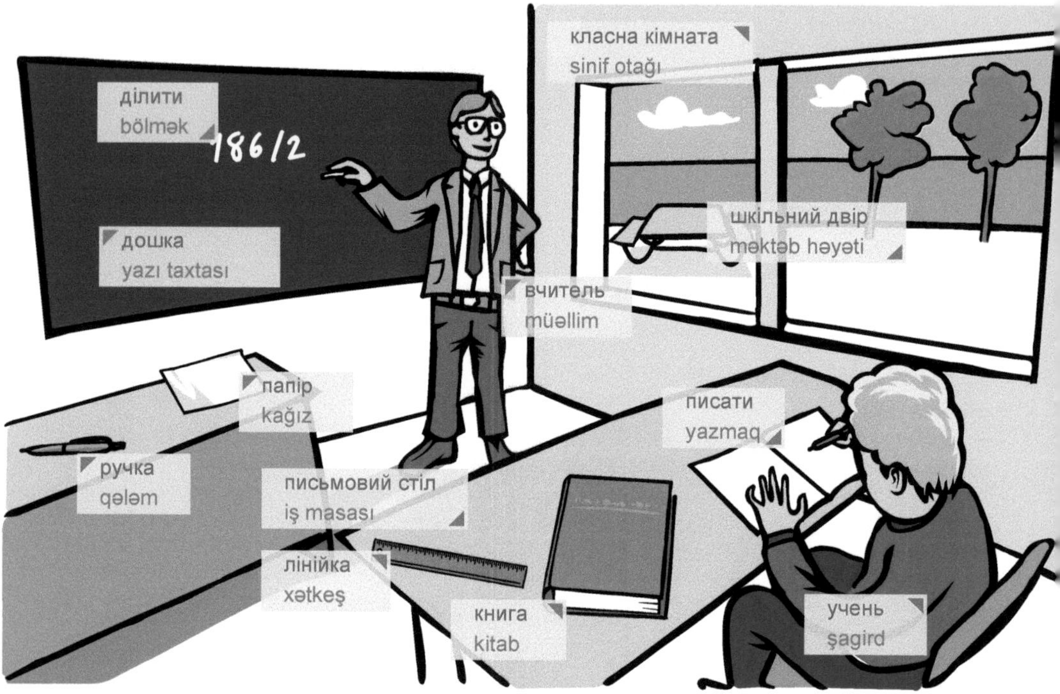

класна кімната
sinif otağı
ділити
bölmək
186/2
дошка
yazı taxtası
шкільний двір
məktəb həyəti
вчитель
müəllim
папір
kağız
писати
yazmaq
ручка
qələm
письмовий стіл
iş masası
лінійка
xətkeş
книга
kitab
учень
şagird

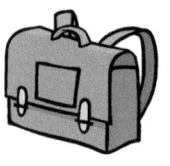

ранець

məktəbli çantası

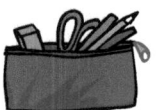

пенал

karandaş qabı

олівець

karandaş

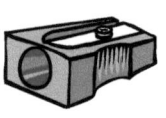

точило

karandaş yonan

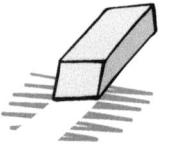

гумка

pozan

альбом для малювання

rəsm albomu

малюнок

rəsm

пензель

boya fırçası

коробка фарб

boya qutusu

ножиці

qayçı

клей

yapışdırıcı

зошит

dəftər

домашнє завдання

ev tapşırığı

число

say

додавати

əlavə etmək

віднімати

çıxmaq

множити

vurmaq

рахувати

hesablamaq

літера

hərf

абетка

əlifba

слово

söz

текст

мәtn

читати

oxumaq

крейда

tabaşir

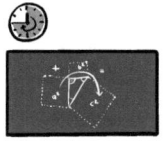

година

dәrs

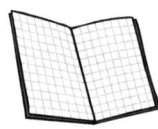

класний журнал

sinif jurnalı

екзамен

imtahan

диплом

tәhsil haqqında sәnәd

шкільна форма

mәktәb uniforması

освіта

tәhsil

лексикон

ensiklopediya

університет

universitet

мікроскоп

mikroskop

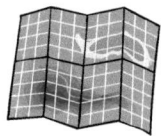

карта

xәritә

кошик для паперу

zibil qutusu

подорож
səyahət

готель
mehmanxana
турбаза
yataqxana
ROOMS
обмінний пункт
valyuta mübadiləsi məntəqəsi
валіза
çamadan
автомобіль
avtomobil

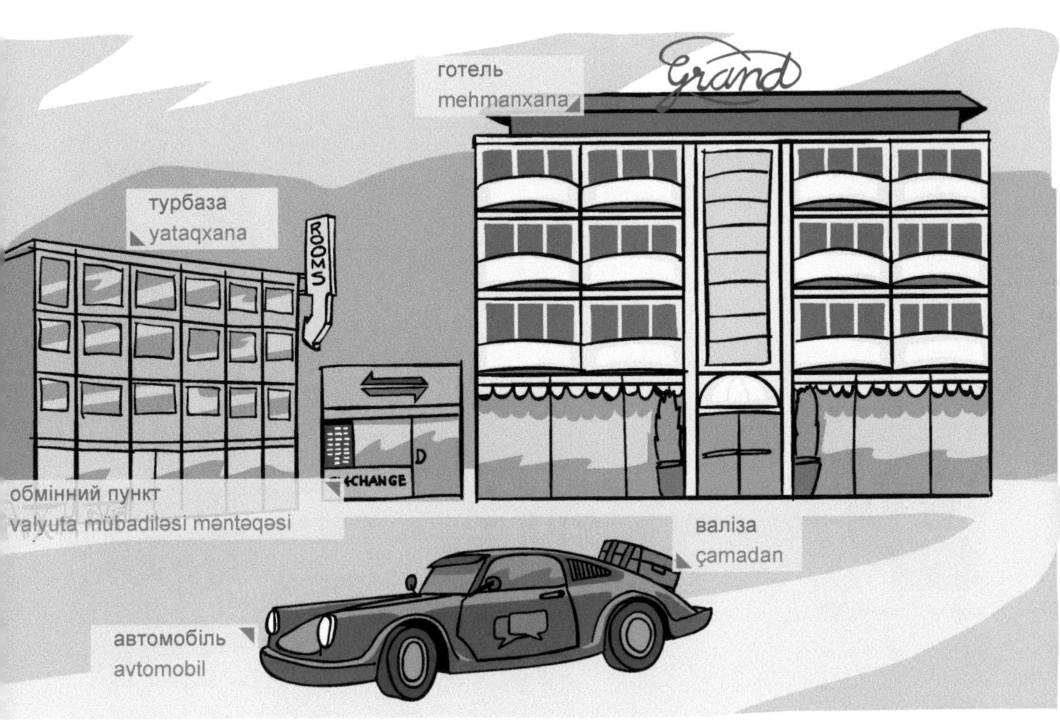

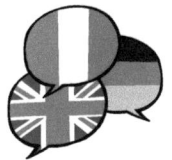

мова

dil

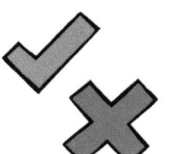

так / ні

bəli/xeyr

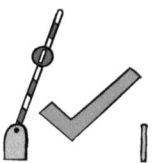

добре

oldu

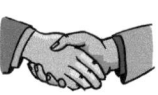

привіт

salam

перекладач

tərcüməçi

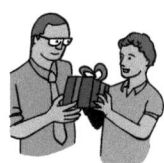

дякую

Təşəkkür edirəm

Скільки коштує ...?

giyməti nə qədərdir ...?

Я не розумію

mən başa düşmürəm

проблема

problem

Добрий вечір!

Axşamınız xeyir!

Доброго ранку!

Sabahınız xeyir!

На добраніч!

Gecəniz xeyrə galsin!

До побачення

hələlik

напрямок

istiqamət

багаж

baqaj

сумка

torba

рюкзак

kürək çantası

гість

qonaq

кімната

otaq

спальний мішок

yataq-çuval

намет

çadır

туристична інформація

turistlər üçün məlumat

пляж

çimərlik

кредитна картка

kredit kartı

сніданок

səhər yeməyi

обід

günorta yeməyi

вечеря

nahar yeməyi

квиток

bilet

ліфт

lift

поштова марка

poçt markası

межа

sərhəd

митниця

gömrük

посольство

səfirlik

віза

viza

паспорт

pasport

транспорт
nəqliyyat

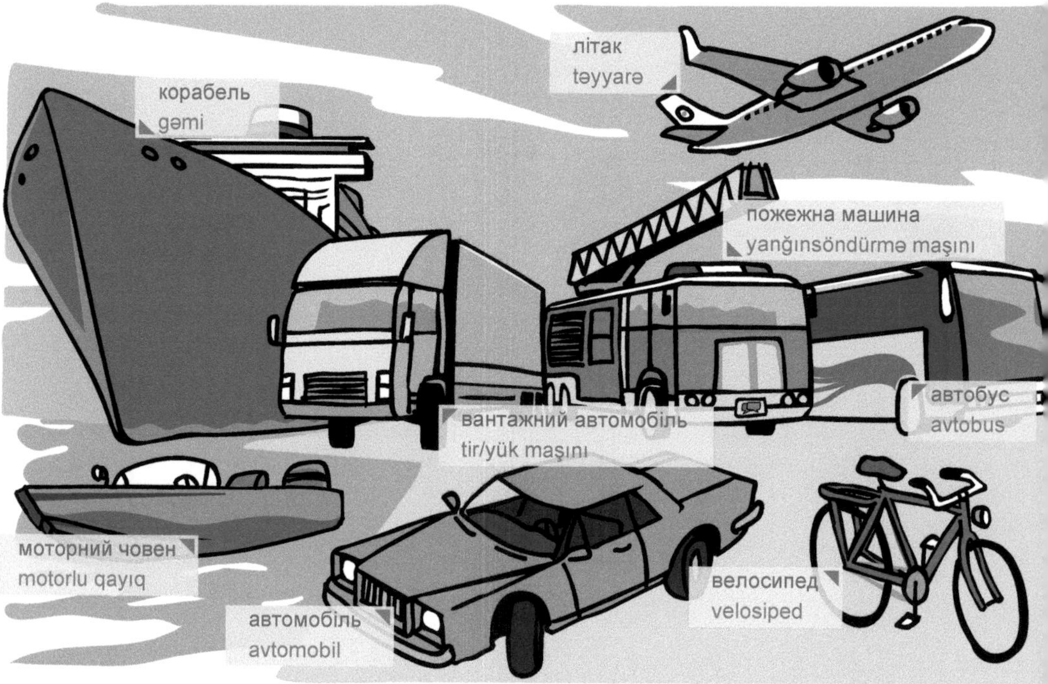

літак
təyyarə
корабель
gəmi
пожежна машина
yanğınsöndürmə maşını
автобус
avtobus
вантажний автомобіль
tir/yük maşını
моторний човен
motorlu qayıq
велосипед
velosiped
автомобіль
avtomobil

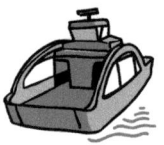

пором
bərə

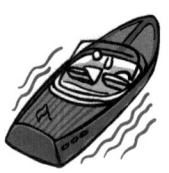

човен
qayıq

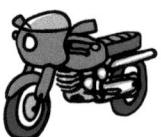

мотоцикл
motosiklet

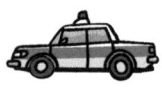

поліцейська машина
polis avtomobili

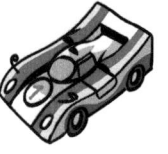

гоночний автомобіль
yarış avtomobili

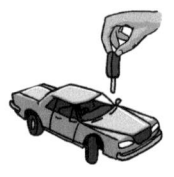

автомобіль на прокат
icarə avtomobili

спільне користування авто

avtomobil icarəsi

евакуатор

texniki yardım maşını

сміттєвоз

zibil maşını

двигун

mühərrik

паливо

yanacaq

автозаправна станція

benzin doldurma məntəqəsi

дорожній знак

yol nişanı

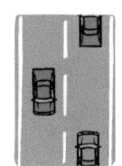

рух

yol hərəkəti

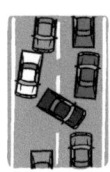

затор

tıxac

стоянка

avtomobil dayanacağı

вокзал

dəmir yolu stansiyası

рейки

dəmiryol

потяг

qatar

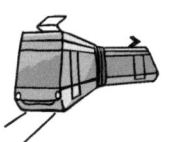

трамвай

tramvay

вагон

vaqon

гелікоптер

helikopter

аеропорт

hava limanı

вежа

qüllə

пасажир

sərnişin

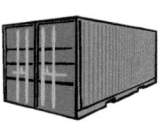

контейнер

konteyner

коробка

karton qutu

візок

əl arabası

кошик

səbət

стартувати / приземлятися

qalxmaq / enmək

місто

şəhər

село

kənd

центр міста

şəhər mərkəzi

дім

ev

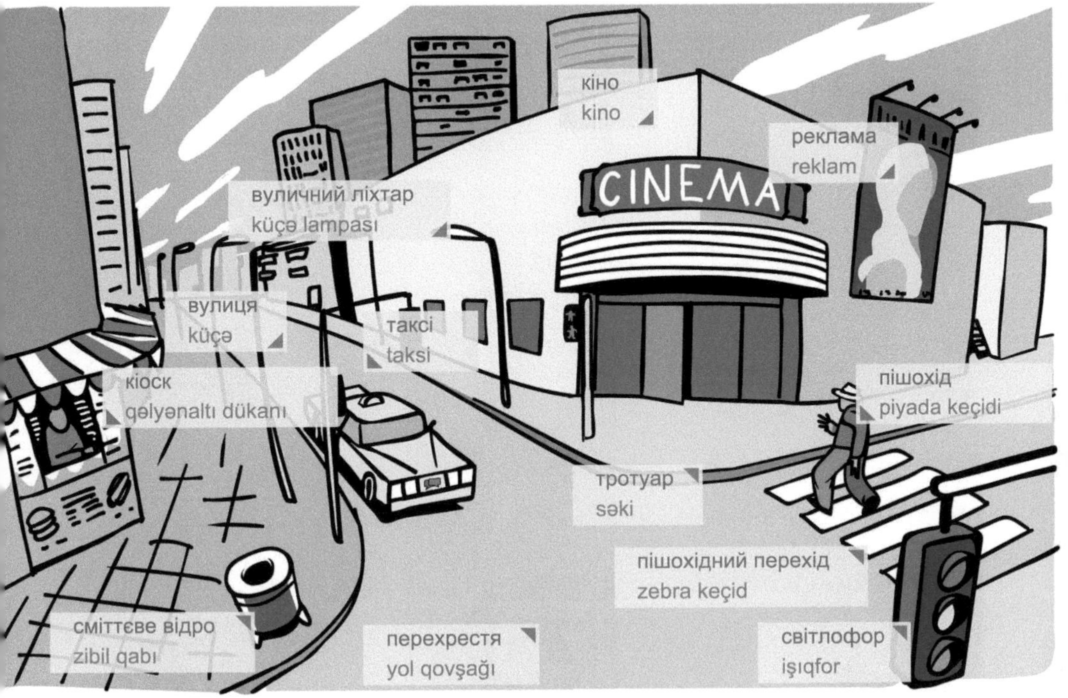

кіно
kino
реклама
reklam
вуличний ліхтар
küçə lampası
вулиця
küçə
таксі
taksi
кіоск
qəlyənaltı dükanı
пішохід
piyada keçidi
тротуар
səki
пішохідний перехід
zebra keçid
сміттєве відро
zibil qabı
перехрестя
yol qovşağı
світлофор
işıqfor
CINEMA

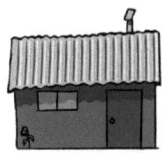

хатина
daxma

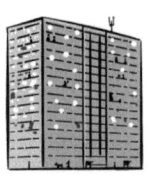

квартира
mənzil

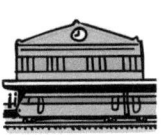

вокзал
dəmir yolu stansiyası

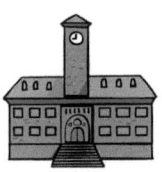

ратуша
bələdiyyə binası

MUSEUM
музей
muzey

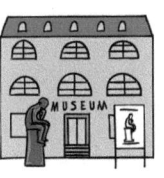

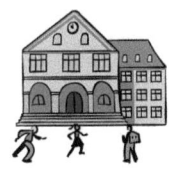

школа
məktəb

університет

universitet

банк

bank

лікарня

xəstəxana

готель

mehmanxana

аптека

aptek

офіс

ofis

книжковий магазин

kitab dükkanı

магазин

dükan

квітковий магазин

çiçək dükanı

супермаркет

supermarket

ринок

bazar

універмаг

univermaq

торговець рибою

balıq satıcısı

торговельний центр

ticarət mərkəzi

гавань

liman

місто - şəhər

парк

park

лава

oturacaq

міст

körpü

сходи

pilləkən

метро

metro

тунель

tunel

автобусна зупинка

avtobus dayanacağı

бар

bar

ресторан

restoran

поштова скринька

poçt qutusu

вулична табличка

küçə nişanı

лічильник паркування

parkinq sayğacı

зоопарк

zoopark

басейн

üzgüçülük hovuzu

мечеть

məscid

ферма

ferma

забруднення
навколишнього
середовища

ətraf mühitin çirklənməsi

кладовище

məzarlıq

церква

kilsə

дитячий майданчик

oyun meydançası

храм

məbəd

ландшафт

mənzərə

листок
yarpaq

вказівний стовп
yol nişanı

шлях
yol

луг
çəmən

камінь
daş

мандрівник
piyada səyyah

дерево
ağac

річка
çay

трава
ot

квітка
gül

долина

vadi

гора

təpə

озеро

göl

ліс

meşə

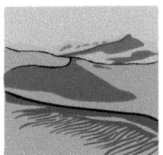

пустеля

səhra

вулкан

vulkan

замок

qəsr

веселка

göy qurşağı

гриб

göbələk

пальма

palma

комар

ağcaqanad

муха

milçək

мурашка

qarışqa

бджола

arı

павук

hörümçək

ландшафт - mənzərə

жук

böcək

жаба

qurbağa

вивірка

dələ

їжак

kirpi

заєць

dovşan

сова

bayquş

птах

quş

лебідь

qu quşu

кабан

qaban

олень

maral

лось

sığın

гребля

su bəndi

вітряк

külək turbini

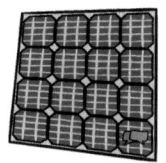

сонячний модуль

günəş batareyası

клімат

iqlim

ресторан

restoran

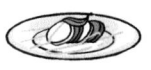

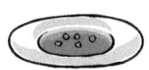

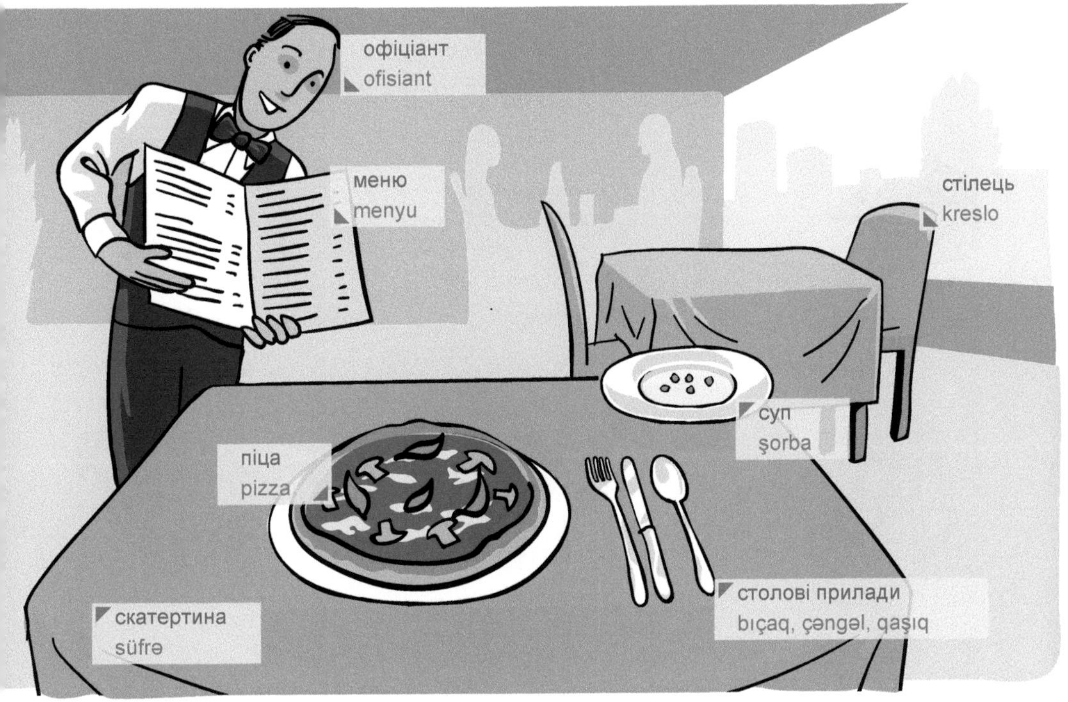

офіціант
ofisiant
меню
menyu
стілець
kreslo
суп
şorba
піца
pizza
столові прилади
bıçaq, çəngəl, qaşıq
скатертина
süfrə

закуска

məzə

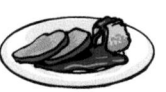

друга страва

əsas yemək

десерт

desert

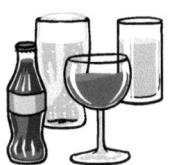

напої

içkilər

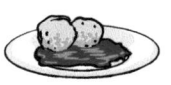

їжа

yemək

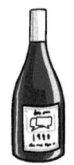

пляшка

şüşə

фаст-фуд

fast food

вулична їжа

küçə yeməkləri

чайник

çaynik

цукорниця

qəndqabı

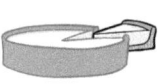

порція

pay

еспресо-машина

espresso maşını

високий стільчик

hündür uşaq kreslosu

рахунок

faktura

піднос

nimçə

ніж

bıçaq

вилка

çəngəl

ложка

qaşıq

чайна ложка

çay qaşığı

серветка

salfet

склянка

şüşə

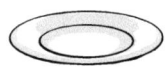

тарілка

boşqab

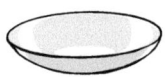

тарілка для супу

şorba boşqabı

блюдце

nəlbəki

соус

sous

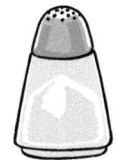

солонка

duz qabı

млин для перцю

bibərüyüdən

оцет

sirkə

масло

duru yağ

спеції

ədviyyat

кетчуп

ketçup

гірчиця

xardal

майонез

mayonez

супермаркет
supermarket

пропозиція
xüsusi təklif
FOR
клієнт
müştəri
молочні продукти
süd məhsulları
фрукти
meyvə
візок для покупок
alış-veriş arabası

BUTCHERS

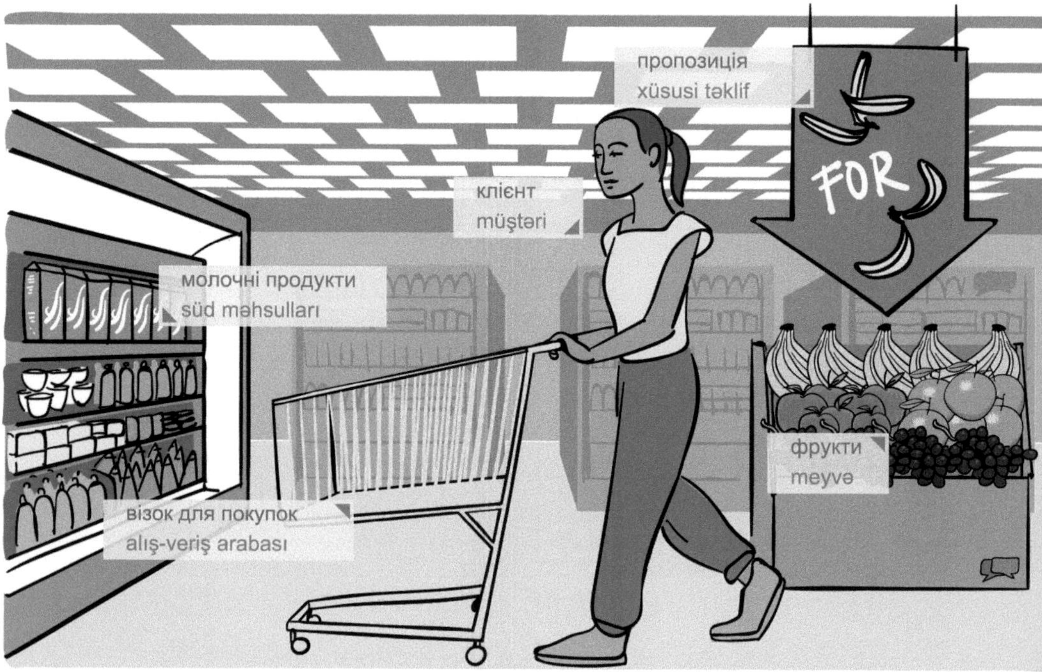

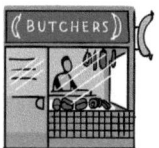

м'ясний магазин

qəssab dükanı

BAKERY

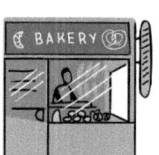

пекарня

çörəkçi

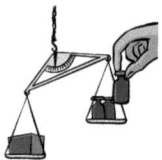

зважувати

çəkmək

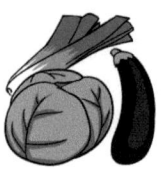

овочі

tərəvəz

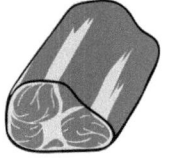

м'ясо

ət

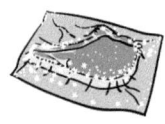

заморожені продукти

dondurulmuş qida

ковбасна нарізка

soyuq ət yeməyi

консерви

konservləşdirilmiş qida

пральний порошок

yuyucu toz

солодощи

şirniyyat

предмети домашнього
побуту

təsərrüfat malları

мийний засіб

yuyucu vasitələr

продавщиця

satıcı

каса

kassa

касир

kassir

список покупок

alış-veriş siyahısı

часи роботи

iş saatları

гаманець

pul kisəsi

кредитна картка

kredit kartı

сумка

torba

поліетиленовий пакет

plastik torba

вода

su

сік

şirə

молоко

süd

кола

cola

вино

şərab

пиво

pivə

алкоголь

alkoqollu içkilər

какао

kakao

чай

çay

кава

qəhvə

еспресо

espresso

капучіно

kapuçino

банан

banan

яблуко

alma

апельсин

portağal

кавун

yemiş

лимон

limon

морква

yerkökü

часник

sarımsaq

бамбук

bambuq

цибуля

soğan

гриб

göbələk

горішки

qoz-fındıq

локшина

əriştə

спагеті

spagetti

рис

düyü

салат

salat

картопля фрі

cips

смажена картопля

qızardılmış kartof

піца

pizza

гамбургер

hamburger

бутерброд

sandviç

шніцель

eskalop

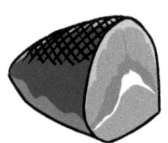

шинка

hisə verilmiş donuz əti

салямі

salyami

ковбаса

kolbasa

курка

toyuq

печеня

qızardılmış ət tikəsi

риба

balıq

вівсяні пластівці

yulaf yarması

мюслі

müsli

кукурудзяні пластівці

partlaq qarğıdalı

борошно

un

круасан

kruassan

булочка

bulka

хліб

çörək

тостовий хліб

tost

печиво

peçenye

масло

kərə yağı

сир

kəsmik

пиріг

tort

яйце

yumurta

яєчня

qayğanaq

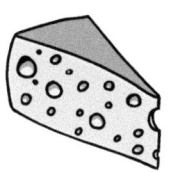

сир

pendir

морозиво

dondurma

цукор

şəkər

мед

bal

мармелад

mürəbbə

нуга-крем

şokolad pastası

карі

köri

ферма

ferma

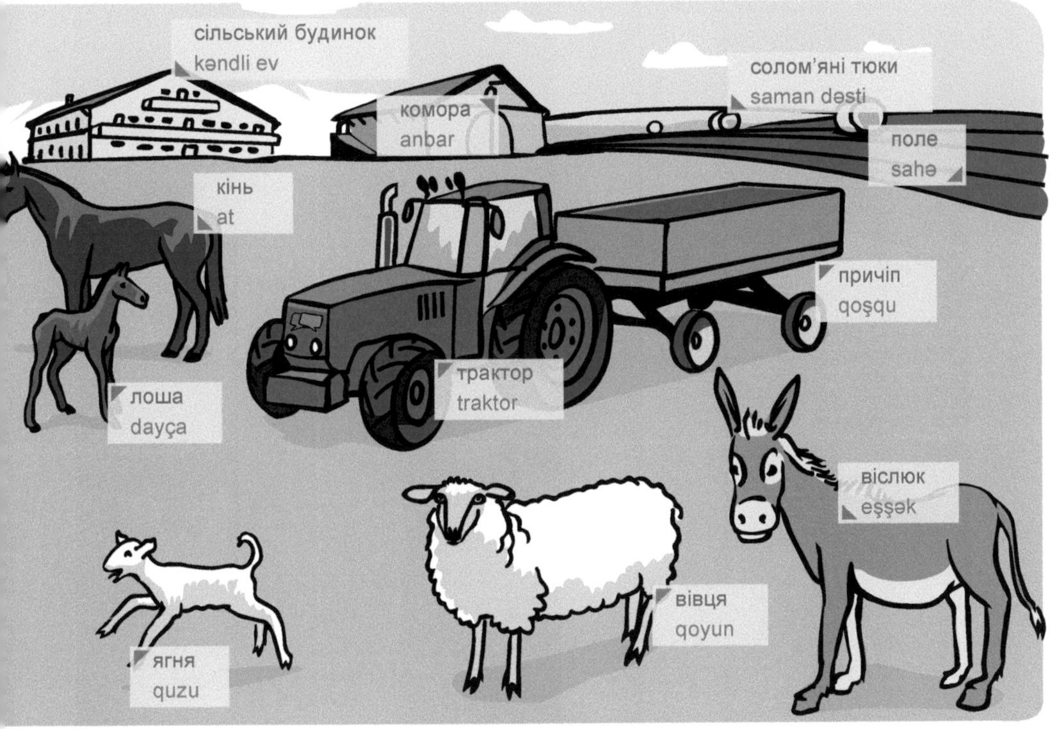

сільський будинок
kəndli ev
комора
anbar
солом'яні тюки
saman dəsti
поле
sahə
кінь
at
причіп
qoşqu
трактор
traktor
лоша
dayça
віслюк
eşşək
вівця
qoyun
ягня
quzu

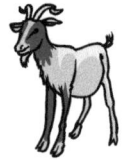

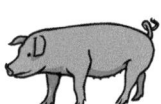

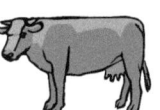

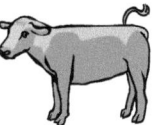

коза
keçi

корова
inək

теля
dana

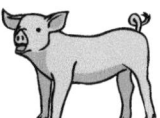

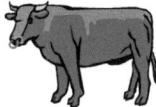

свиня
donuz

порося
donuz balası

бик
öküz

гусак

qaz

качка

ördәk

курча

cücә

курка

toyuq

півень

xoruz

щур

siçovul

кіт

pişik

миша

siçan

віл

öküz

собака

it

собача будка

itdamı

садовий шланг

bağ şlanqı

лійка

susәpәn

коса

dәryaz

плуг

kotan

серп

oraq

мотика

kətman

вила

yaba

сокира

balta

тачка

əl arabası

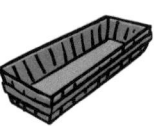

корито

çalov

бідон молока

süd bidonu

мішок

çuval

паркан

çəpər

хлів

tövlə

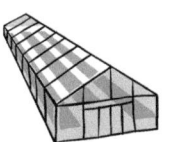

теплиця

istixana

ґрунт

torpaq

насіння

toxum

добриво

gübrə

комбайн

taxılbiçən kombayn

пожинати

məhsul yığmaq

урожай

məhsul yığımı

корінь ямсу

yam

пшениця

buğda

соя

soya

картопля

kartof

кукурудза

dən

ріпак

raps

плодове дерево

meyvə ağacı

маніок

maniok

злаки

yarma

димохід
baca

дах
dam

водостічний лоток
drenaj borusu

вікно
pəncərə

гараж
qaraj

дзвінок
qapı zəngi

двері
qapı

відро для сміття
zibil vedrəsi

поштова скринька
poçt qutusu

сад
bağ

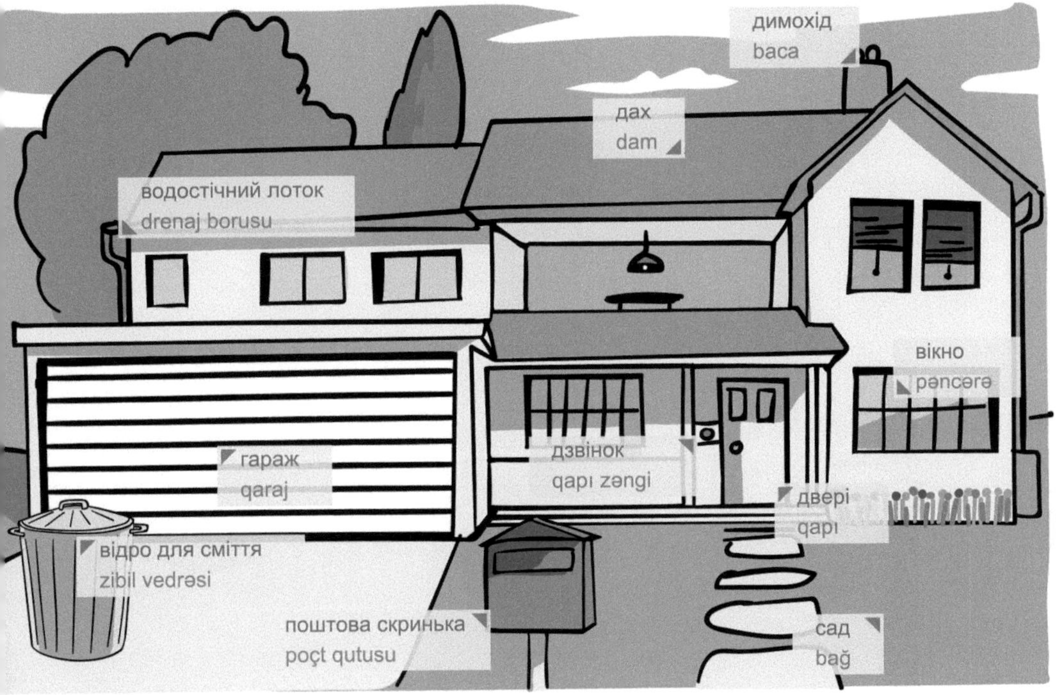

вітальня
qonaq otağı

ванна кімната
hamam otağı

кухня
mətbəx

спальня
yataq otağı

дитяча кімната
uşaq otaqı

їдальня
yemək otağı

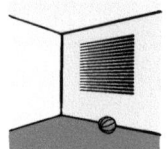

підлога

döşəmə

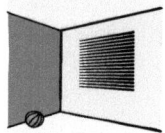

стіна

divar

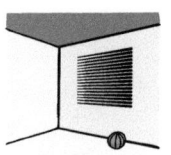

стеля

tavan

підвал

zirzəmi

сауна

sauna

балкон

balkon

тераса

terras

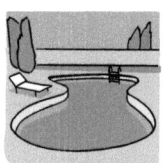

басейн

üzgüçülük hovuzu

косарка

otbiçən maşın

простирало

mələfə

ковдра

yataq örtüyü

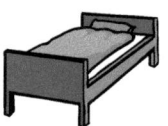

ліжко

yataq

мітла

süpürgə

відро

vedrə

перемикач

elektrik açarı

вітальня

qonaq otağı

шпалери
divar kağızı
малюнок
şəkil
лампа
lampa
поличка
rəf
шафа
şkaf
телевізор
televiziya
камін
buxarı
квітка
gül
подушка
yastıq
диван
divan
ваза
vaza
пульт
uzaqdan idarəetmə

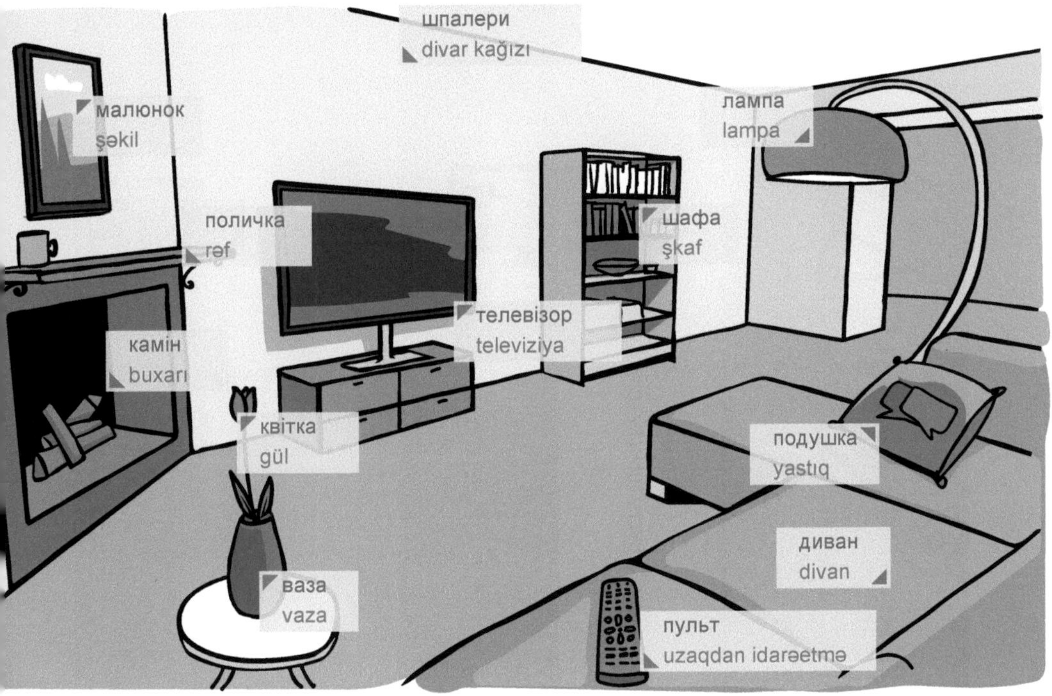

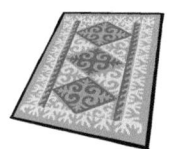

килим

xalça

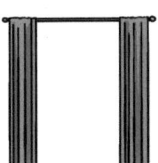

завіса

pərdə

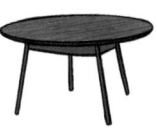

стіл

masa

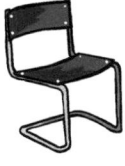

стілець

kreslo

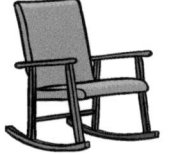

крісло-гойдалка

yırğalanan stul

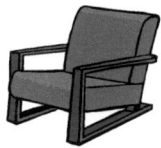

крісло

kreslo

книга

kitab

ковдра

yorğan

прикраса

bəzək

дрова

odun

фільм

film

стереосистема

stereo səs sistemi

ключ

açar

газета

qəzet

картина

rəsm əsəri

плакат

plakat

радіо

radio

блокнот

bloknot

пилосос

tozsoran

кактус

kaktus

свічка

şam

кухня
mətbəx

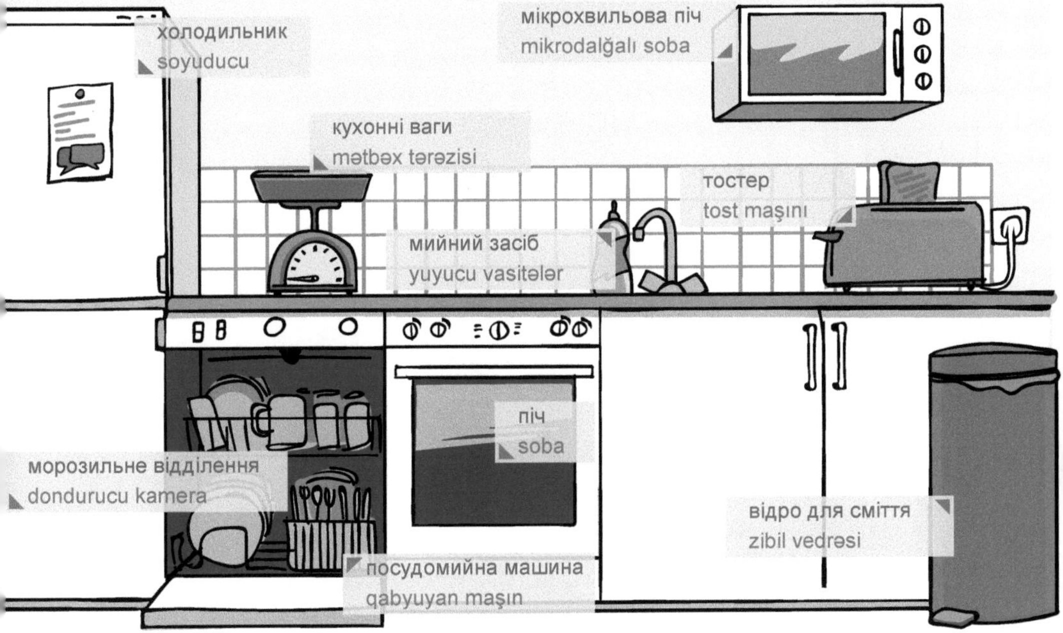
холодильник
soyuducu
мікрохвильова піч
mikrodalğalı soba
кухонні ваги
mətbəx tərəzisi
тостер
tost maşını
мийний засіб
yuyucu vasitələr
піч
soba
морозильне відділення
dondurucu kamera
відро для сміття
zibil vedrəsi
посудомийна машина
qabyuyan maşın

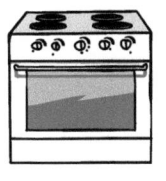

плита

soba

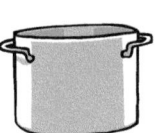

горщик

qazan

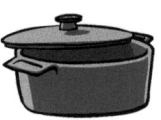

чавунний горщик

çuqun qazan

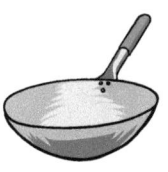

вок / кадай

vok / kadai

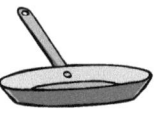

сковорода

tava

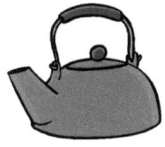

чайник

çaydan

пароварка

buxar qazanı

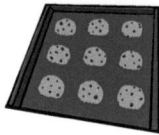

лист

sac

посуд

qab

кухоль

fincan

чаша

ləyən

палички для їжі

yemək üçün çubuqlar

черпак

çömçə

лопатка

spatula

вінчик для збивання

çırpıcı

сито

süzgəc

сито

ələk

терка

sürtgəc

ступка

həvəngdəstə

барбекю

barbekyu

багаття

ocaq

дошка

doğrama taxtası

качалка

oxlov

штопор

probkaçıxaran

консерва

banka

відкривачка

bankaağzıaçan

прихватки

qabtutan

раковина

əl üz yuyan

щітка

fırça

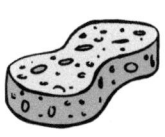

губка

süngər

міксер

blender

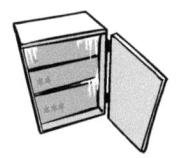

морозильна камера

dondurucu

дитяча пляшка

körpə şüşəsi

кран

kran

ванна кімната

hamam otağı

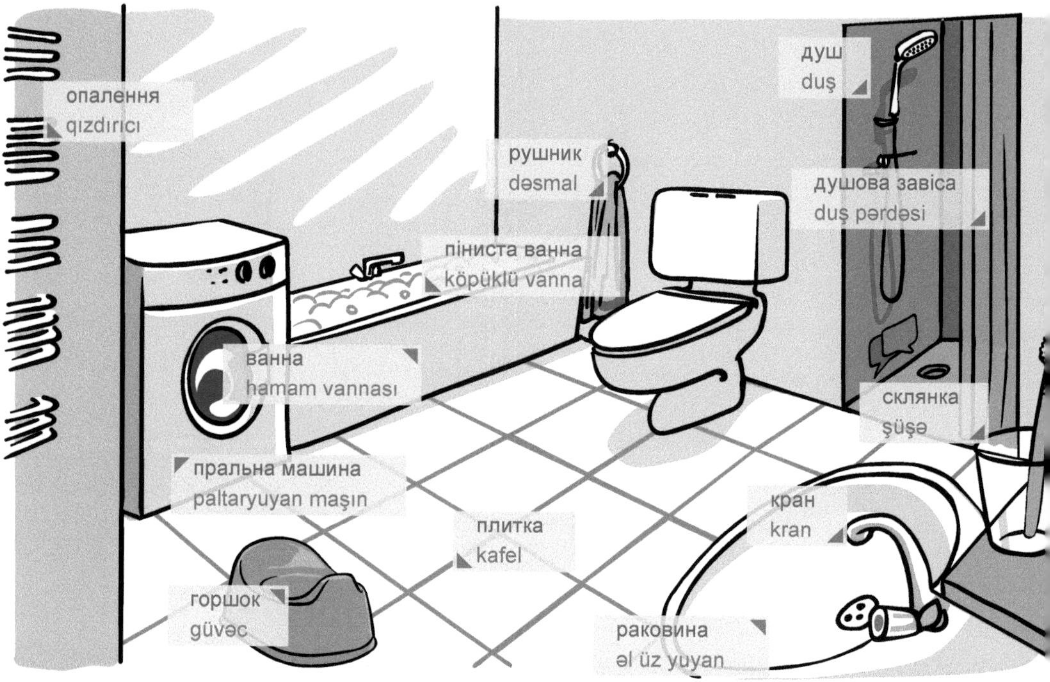

опалення
qızdırıcı
рушник
dəsmal
душ
duş
душова завіса
duş pərdəsi
пíниста ванна
köpüklü vanna
ванна
hamam vannası
склянка
şüşə
пральна машина
paltaryuyan maşın
кран
kran
плитка
kafel
горшок
güvəc
раковина
əl üz yuyan

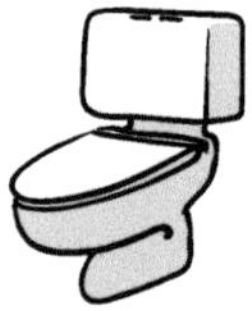

туалет

tualet

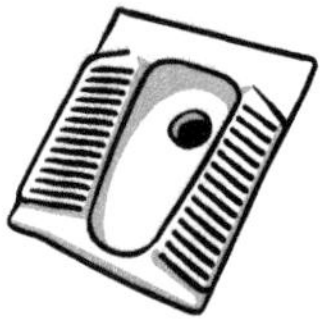

підлоговий туалет

çömbəlmə tualet

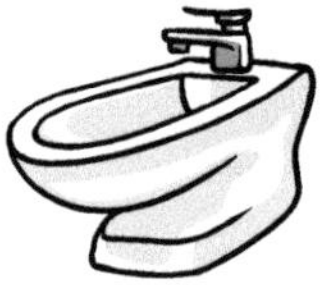

біде

bide

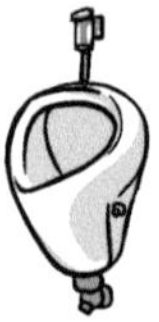

пісуар

urinal

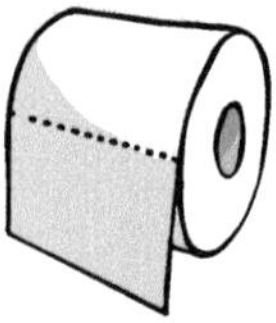

туалетний папір

tualet kağızı

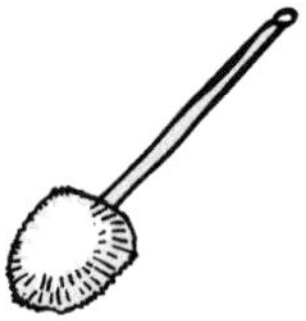

щітка для туалету

tualet fırçası

зубна щітка

diş fırçası

зубна паста

diş pastası

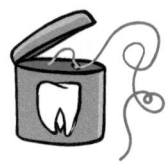

нитка для чищення зубів

diş ipi

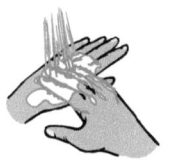

мити

yumaq

ручний душ

əl duşu

інтимний душ

intim duş

таз

taz

щітка для спини

bel fırçası

мило

sabun

гель для душу

duş üçün gel

шампунь

şampun

мочалка

əsgi

водостік

drenaj

крем

krem

дезодорант

dezodorant

дзеркало

güzgü

косметичне дзеркало

əl güzgüsü

бритва

ülgüc

піна для гоління

üz qırxmaq üçün köpük

лосьйон після гоління

təraşdan sonra su

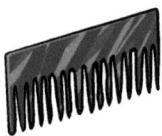

гребінь

daraq

щітка

fırça

фен

fen

лак для волосся

saç spreyi

косметика

makiyaj

губна помада

dodaq boyası

лак для нігтів

dırnaq lakı

вата

pambıq

ножиці для нігтів

dırnaq qayçısı

парфум

ətir

косметичка

gigiyenik torba

табурет

kətil

ваги

tərəzi

халат

hamam xalatı

гумові рукавички

rezin əlcək

тампон

tampon

гігієнічні прокладки

gigiyenik salfet

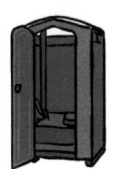

біотуалет

kimyəvi tualet

дитяча кімната
uşaq otaqı

будильник
zəngli saat
м'яка іграшка
yumşaq oyuncaq
іграшковий автомобіль
oyuncaq avtomobil
брязкальце
cingilti
ляльковий будиночок
kukla evciyi
подарунок
hədiyyə

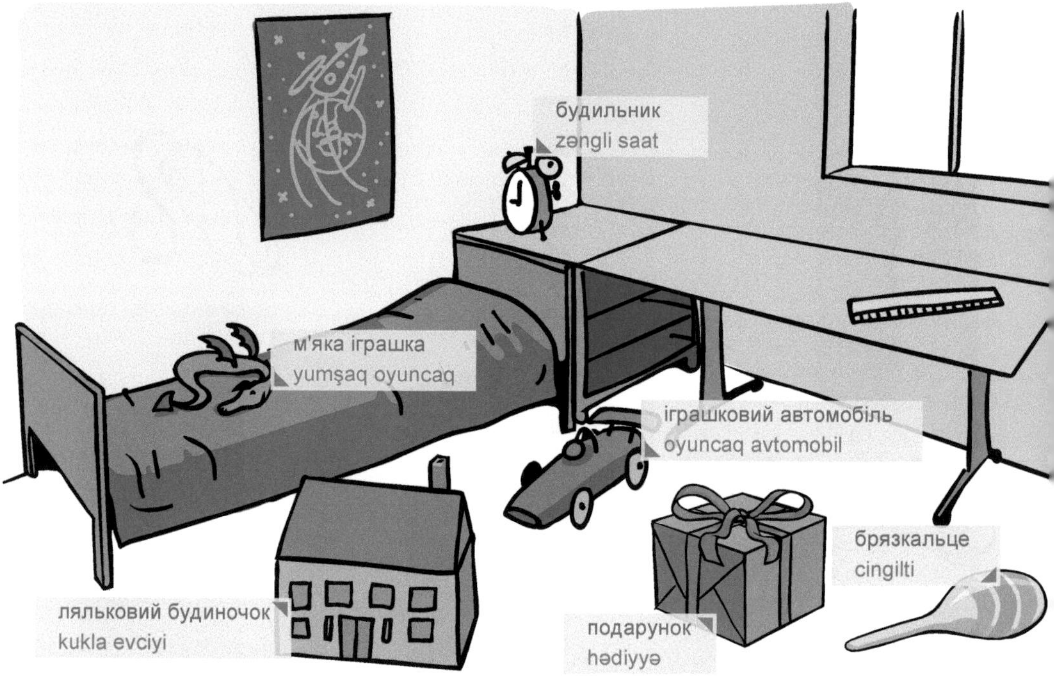

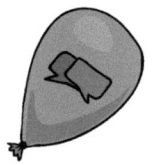

повітряна кулька

balon

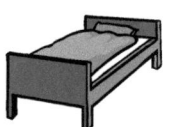

ліжко

yataq

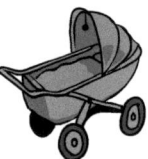

дитячий візок

uşaq arabası

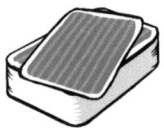

картярська гра

kart dəsti

пазл

elektrik mişarı

SUPER
MEGA

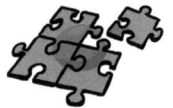

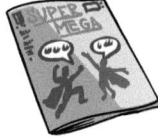

комікс

komik

лего цеглинки

leqo kərpici

блоки

konstruktor blokları

іграшкова фігурка

oyuncaq-personaj

повзунки

yeni doğulmuş körpələr
üçün geyimi

фризбі

frisbi

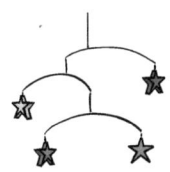

мобіле

yataq üstünə asılan körpə
oyuncağı

настільна гра

masaüstü oyun

кубик

zər

модель залізнична станція

oyuncaq qatar

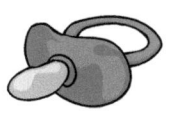

соска

emzik

вечірка

qonaqlıq

книжка з картинками

rəsmli kitab

м'яч

top

лялька

kukla

грати

oynamaq

пісочниця

qum qutusu

гойдалка

yelləncək

іграшка

oyuncaqlar

гральна консоль

video oyun konsolu

триколісний велосипед

üç təkərli velosiped

плюшевий мішка

plüşdən hazırlanmış oyuncaq ayı

шафа

şkaf

ОДЯГ

geyim

шкарпетки

corab

панчохи

corab

колготки

kalqotka

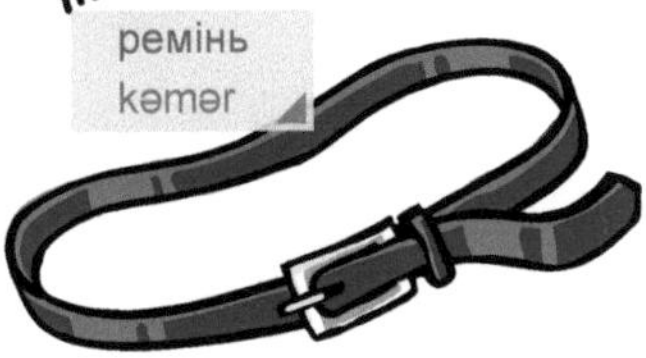

шарф
kaşne

парасоля
çətir

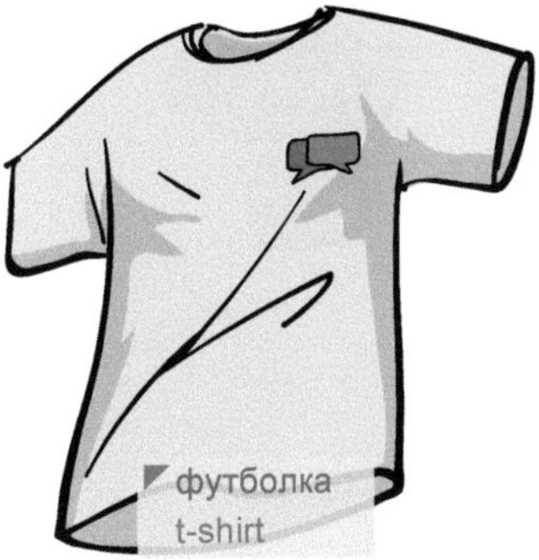

ремінь
kəmər

футболка
t-shirt

чоботи
çəkmə

домашнє взуття
şəpit

кросівки
idman ayaqqabısı

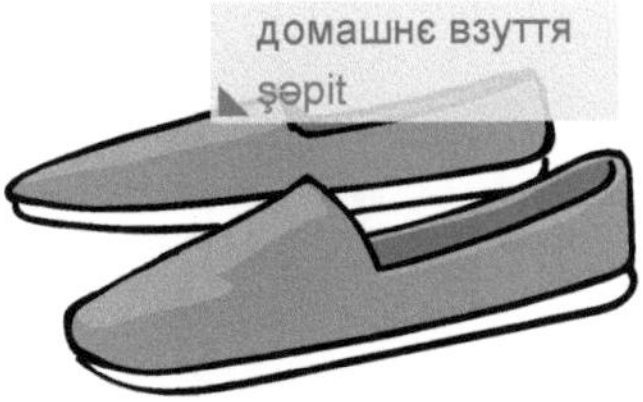

сандалі
sandallar

взуття
ayaqqabı

гумові чоботи
rezin çəkmələr

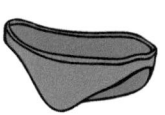

труси
dizlik

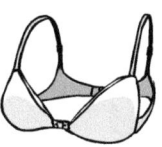

бюстгальтер
lifçik

нижня сорочка
alt köynəyi

одяг - geyim

боді

alt paltarı

штани

şalvar

джинси

cins

спідниця

yubka

блузка

bluza

сорочка

köynək

пуловер

sviter

светр

başlıqlı idman gödəkçəsi

піджак

gödəkçə

куртка

gödəkcə

пальто

pencək

дощовик

plaş

костюм

kostyum

сукня

paltar

весільна сукня

gəlin paltarı

костюм

kostyum

нічна сорочка

gecə köynəyi

піжама

pijama

capi

sari

головна хустка

hicab / eşarp

чалма

çalma

бурка

burka

кафтан

kaftan

абая

abaya

купальник

çimərlik geyimi

плавки

tumuş

шорти

şort

тренувальний костюм

məşq kostyumu

фартух

önlük

рукавички

əlcək

гудзик

düymə

окуляри

eynək

браслет

bilərzik

ланцюг

boyunbağı

кільце

üzük

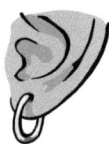

сережка

sırğa

шапка

papaq

плічка

asılqan

капелюх

papaq

краватка

qalstuk

застібка-блискавка

zəncirbənd

шолом

dəbilqə

підтяжки

aşırma

шкільна форма

məktəb uniforması

уніформа

uniforma

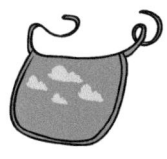

нагрудник

döşlük

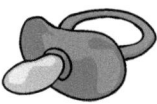

соска

emzik

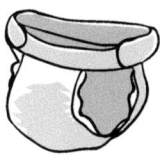

підгузок

körpə bezi

офіс
ofis

сервер
server
шаф для документів
arxiv şkafı
принтер
printer
папір
kağız
монітор
monitor
миша
siçan
письмовий стіл
iş masası
папка
qovluq
синтезатор
klaviatura
стілець
stul
кошик для паперу
zibil qutusu
комп'ютер
kompyuter

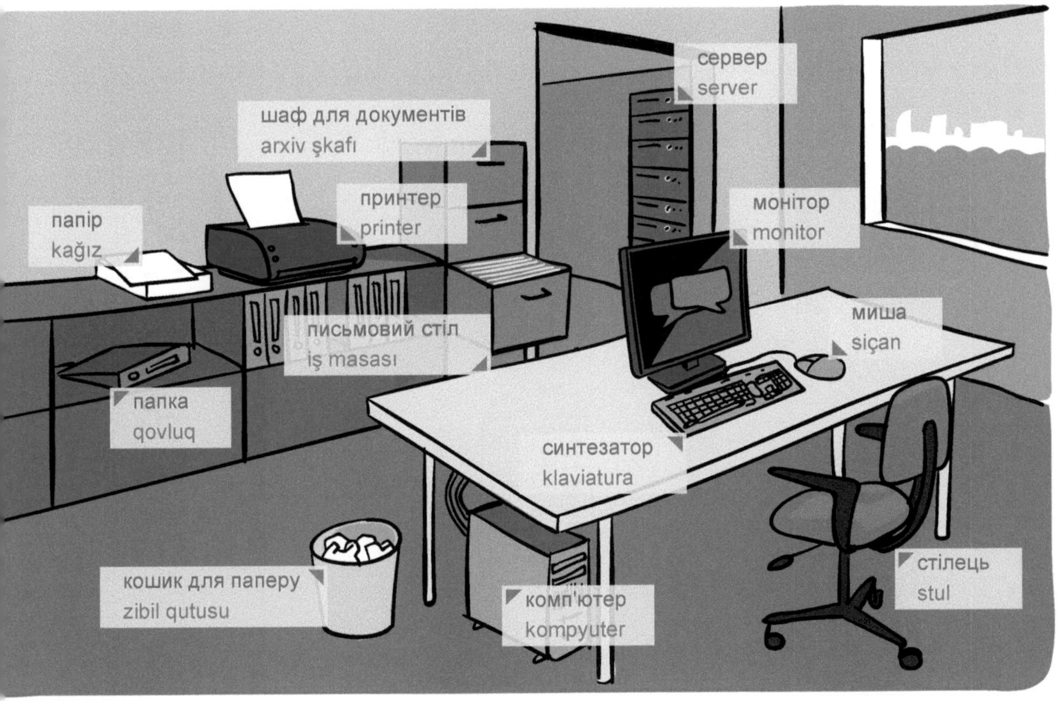

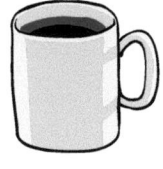

кавовий кухоль

qəhvə fincanı

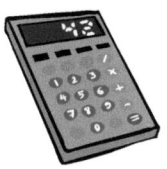

калькулятор

kalkulyator

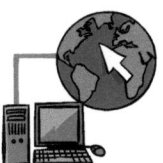

інтернет

internet

ноутбук

laptop

лист

məktub

повідомлення

mesaj

мобільний телефон

mobil telefon

мережа

şəbəkə

копіювальний пристрій

surətçıxaran maşın

програмне забезпечення

proqram təminatı

телефон

telefon

розетка

ştepsel

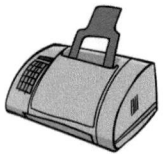

факс

faks

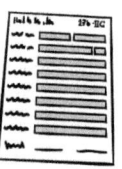

бланк

forma

документ

sənəd

купувати

satın almaq

платити

ödəmək

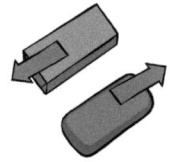

торгувати

alverlə məşğul olmaq

гроші

pul

долар

dollar

євро

avro

ієна

yen

рубль

rubl

франк

frank

юанів женьміньбі

renminbi yuan

рупія

rupi

банкомат

bankomat

обмінний пункт

valyuta mübadiləsi
məntəqəsi

золото

qızıl

срібло

gümüş

нафта

neft

енергія

enerji

ціна

qiymət

контракт

müqavilə

податок

vergi

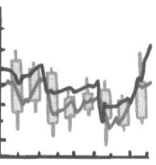

акція

səhm

працювати

işləmək

працівник

işçi

роботодавець

işəgötürən

фабрика

fabrik

магазин

dükan

поліцейський
polis əməkdaşı

пожежник
yanğınsöndürən

повар
aşbaz

лікар
həkim

пілот
pilot

садівник
bağban

столяр
dülgər

швачка
dərzi

суддя
hakim

хімік
kimyaçı

актор
aktyor

водій автобуса

avtobus sürücüsü

таксист

taksi sürücüsü

рибалка

balıqçı

прибиральниця

xadimə

покрівельник

dam işçisi

офіціант

ofisiant

мисливець

ovçu

художник

rəssam

пекар

çörəkçi

електрик

elektrik ustası

будівельник

inşaat işçisi

інженер

mühəndis

забійник

qəssab

бляхар

santexnik

листоноша

poçtalyon

солдат

əsgər

архітектор

memar

касир

kassir

флорист

gül-çiçək satıcısı

перукар

bərbər

кондуктор

konduktor

механік

mexanik

капітан

kapitan

дантист

diş həkimi

вчений

alim

рабин

ravvin

імам

imam

монах

rahib

пастор

keşiş

інструменти
alətlər

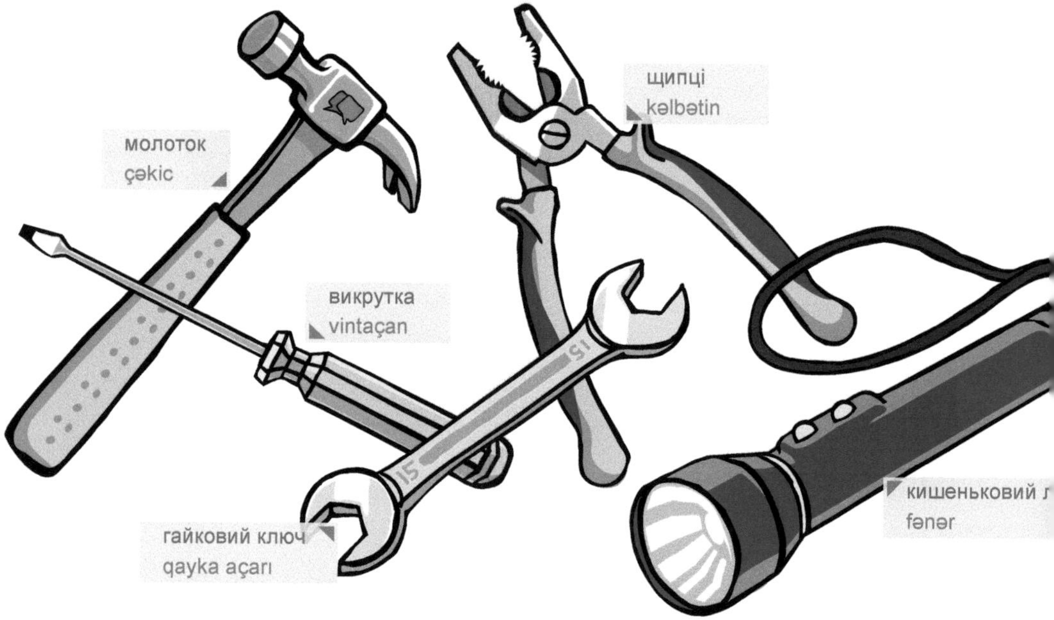
щипці
kəlbətin
молоток
çəkic
викрутка
vintaçan
кишеньковий л
fənər
гайковий ключ
qayka açarı

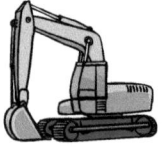

екскаватор

ekskavator

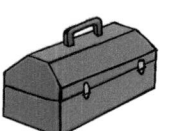

ящик для інструментів

alətlər qutusu

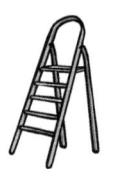

драбина

nərdivan

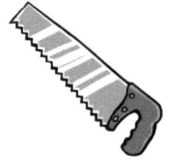

пилка

mişar

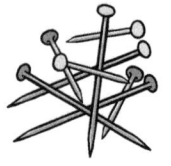

цвяхи

dırnaqlar

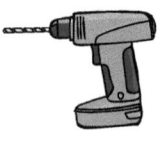

свердло

drel

ремонтувати

təmir etmək

лопата

kürək

лайно!

Lənət olsun!

совок

xəkəndaz

відро з фарбою

boya vedrəsi

гвинти

vintlər

музичні інструменти
musiqi alətləri

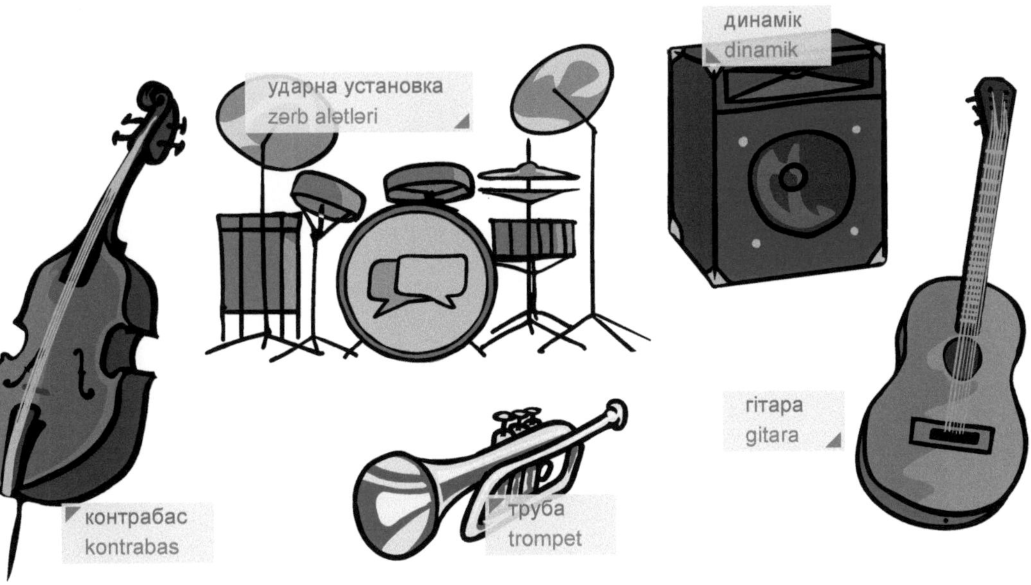

ударна установка
zərb alətləri

динамік
dinamik

контрабас
kontrabas

труба
trompet

гітара
gitara

фортепіано

fortepiano

скрипка

skripka

бас

bas

литаври

timpani

барабан

nağara

клавіатура

sintezator

саксофон

saksafon

флейта

fleyta

мікрофон

mikrofon

зоопарк
zoopark

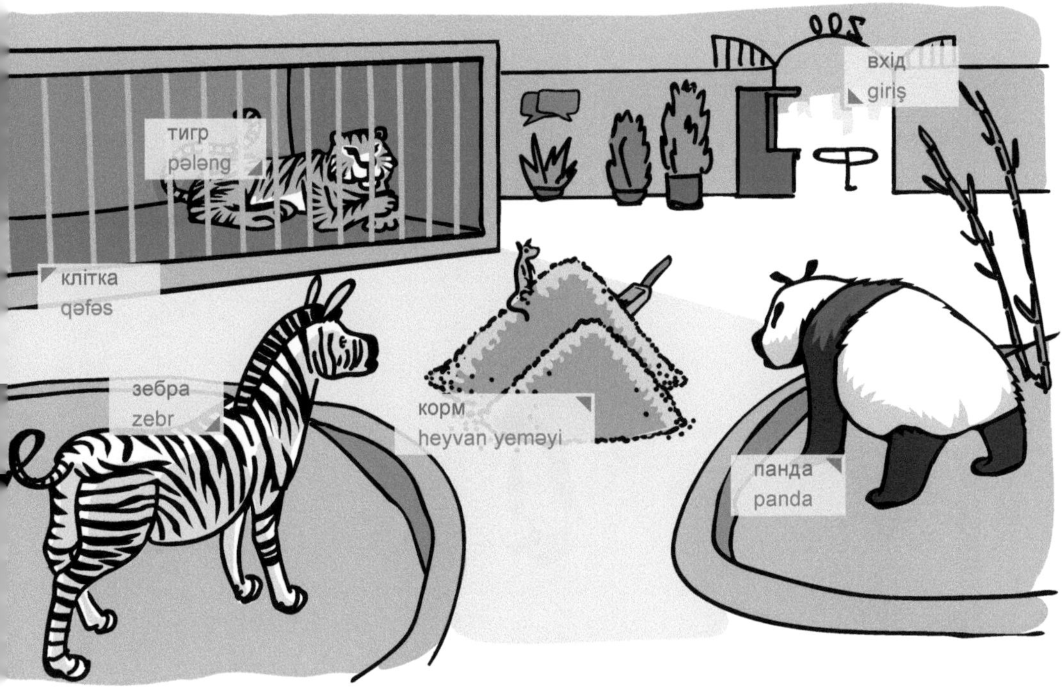
zoo
вхід
giriş
тигр
pələng
клітка
qəfəs
зебра
zebr
корм
heyvan yeməyi
панда
panda

тварини

heyvanlar

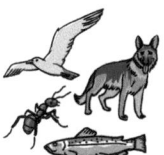

слон

fil

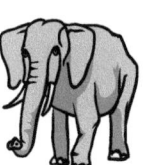

кенгуру

kenquru

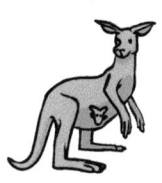

носоріг

kərgədan

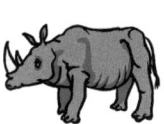

горила

qorilla

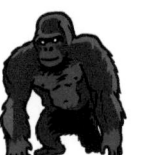

ведмідь

ayı

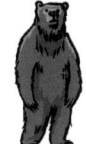

верблюд

dəvə

страус

dəvəquşu

лев

aslan

мавпа

meymun

фламінго

flamingo

папуга

tutuquşu

білий ведмідь

qütb ayısı

пінгвін

pinqvin

акула

köpəkbalığı

павич

tovuz

змія

ilan

крокодил

timsah

працівник зоопарку

zoopark işçisi

тюлень

suiti

ягуар

yaquar

поні

poni

леопард

bəbir

гіпопотам

hippopotam

жираф

zürafə

орел

qartal

кабан

qaban

риба

balıq

черепаха

tısbağa

морж

morj

лисиця

tülkü

газель

ceyran

американський футбол
amerikan futbolu

їзда на велосипеді
velosiped sürmək

теніс
tennis

баскетбол
basketbol

плавання
üzgüçülük

бокс
boks

хокей
buz xokkeyi

футбол
futbol

бадмінтон
badminton

легка атлетика
yüngül atletika

гандбол
həndbol

лижні перегони
xizək

поло
polo

дії
fəaliyyət

стрибати
tullanmaq
обіймати
qucaqlaşmaq
сміятися
gülmək
йти
getmək
співати
oxumaq
мріяти
yuxu qörmək
молитися
dua etmək
цілувати
öpüşmək

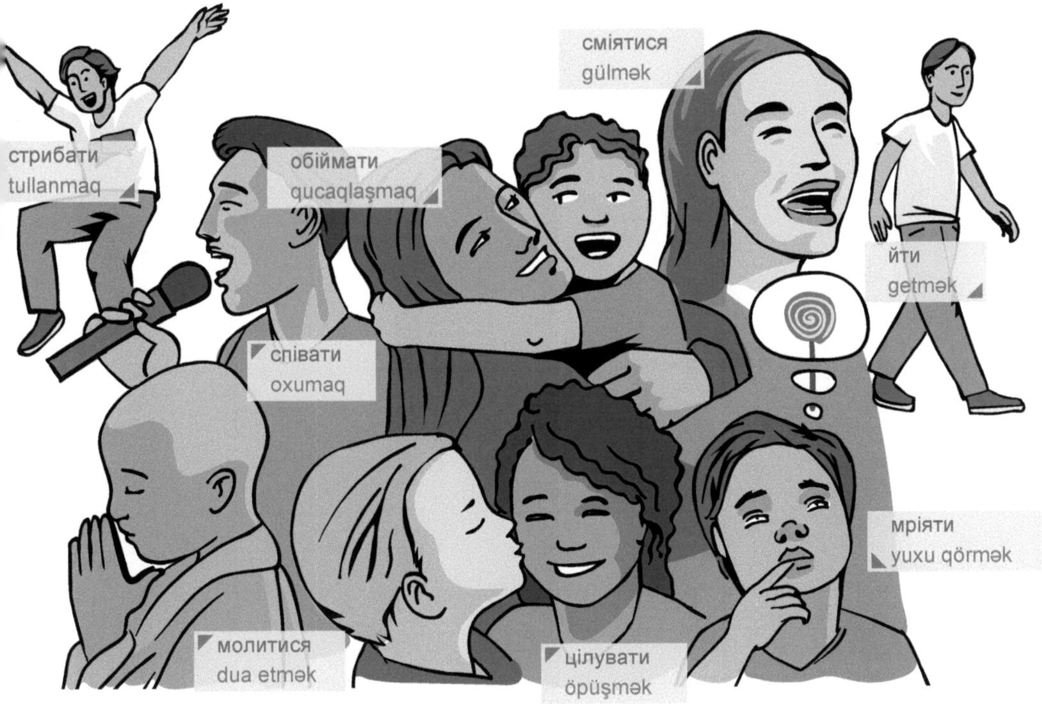

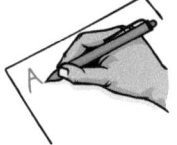

писати
yazmaq

малювати
çəkmək

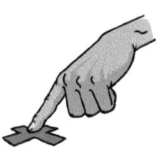

показувати
göstərmək

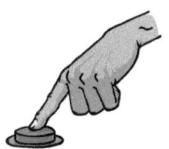

тиснути
itələmək

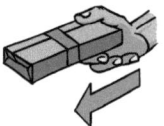

давати
vermək

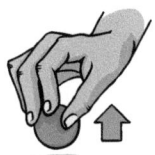

брати
götürmək

мати

sahibi olmaq

робити

etmək

бути

olmaq

стояти

durmaq

бігати

qaçmaq

тягнути

çəkmək

кидати

atmaq

падати

düşmək

лежати

uzanmaq

очікувати

gözləmək

носити

daşımaq

сидіти

oturmaq

одягати

geyinmək

спати

yatmaq

просипатися

ayılmaq

дивитися

baxmaq

плакати

ağlamaq

гладити

sığallamaq

розчісувати

daramaq

розмовляти

danışmaq

розуміти

anlamaq

питати

soruşmaq

слухати

dinləmək

пити

içmək

їсти

yemək

прибирати

təmizləmək

любити

sevmək

варити

bişirmək

їхати

sürmək

літати

uçmaq

дії - fəaliyyət

йти під вітрилом

üzmək

рахувати

hesablamaq

читати

oxumaq

вчитися

öyrənmək

працювати

işləmək

одружуватися

evlənmək

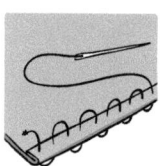

шити

tikmək

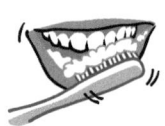

чистити зуби

dişləri təmizləmək

убивати

öldürmək

курити

siqaret çəkmək

посилати

göndərmək

дії - fəaliyyət

сім'я
ailə

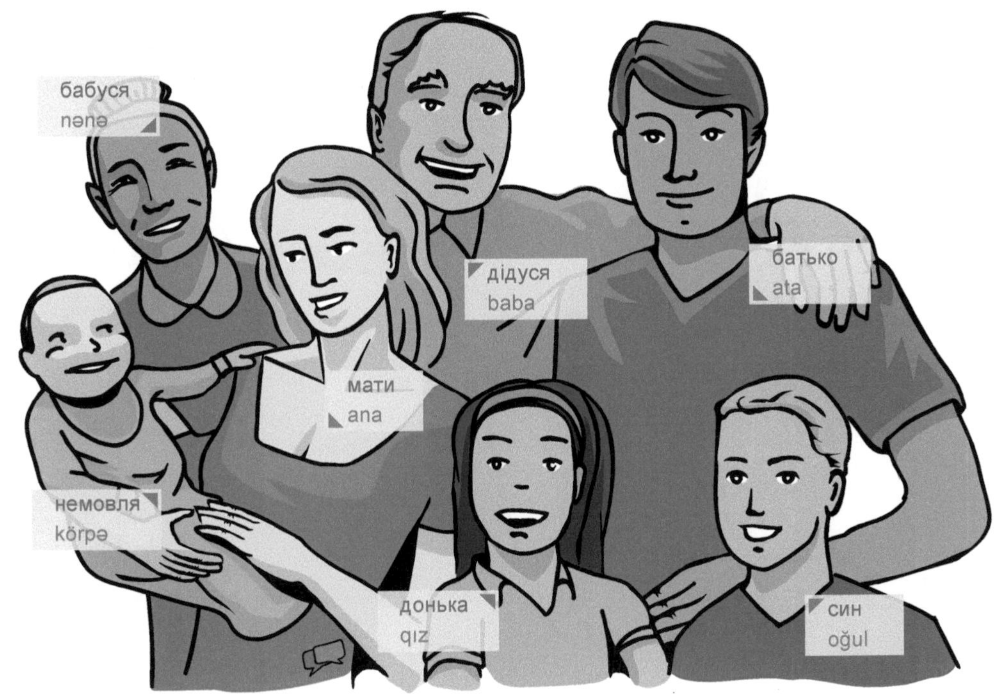

бабуся
nənə
дідуся
baba
батько
ata
мати
ana
немовля
körpə
донька
qız
син
oğul

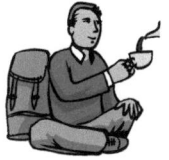

гість

qonaq

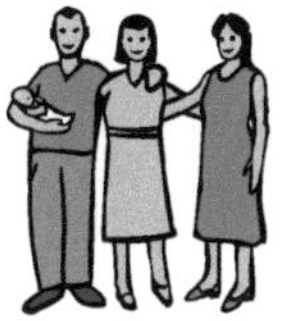

тітка

xala/bibi

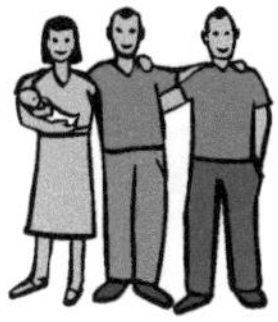

дядько

əmi/dayı

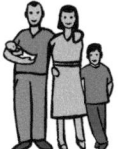

брат

qardaş

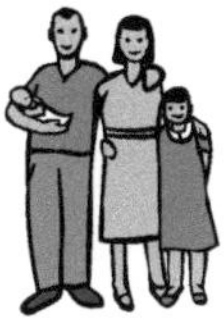

сестра

bacı

тіло

bədən

чоло
alın
око
göz
плече
çiyin
палець
barmaq
обличчя
üz
підборіддя
buxaq
кисть
əl
груди
döş
нога
ayaq
рука
qol

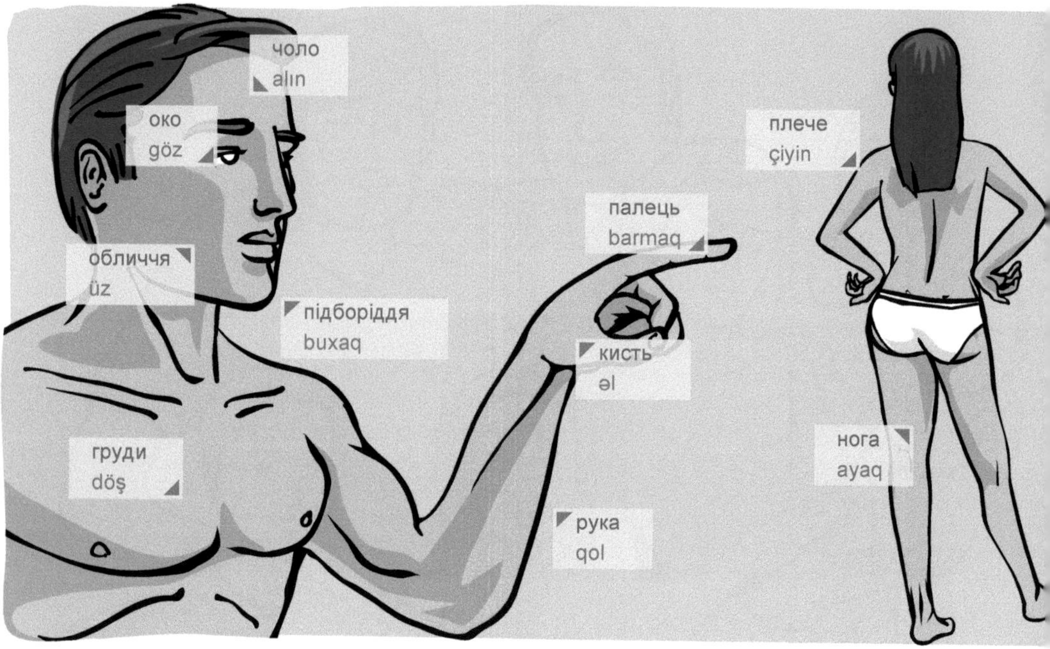

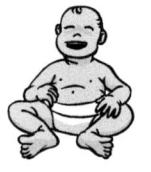

немовля

körpə

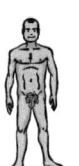

чоловік

kişi

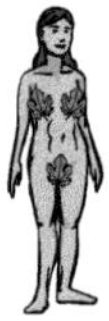

жінка

qadın

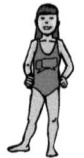

дівчина

qız

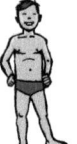

хлопчик

oğlan

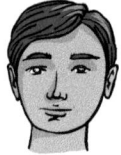

голова

baş

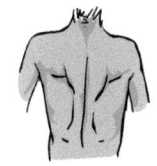

спина

bel

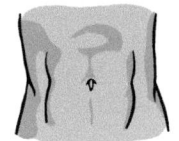

живіт

qarın

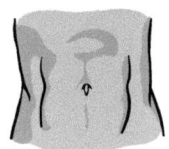

пуп

göbək

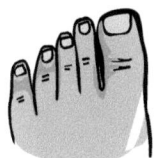

палець ноги

ayaq barmağı

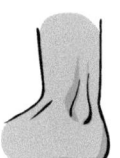

п'ята

daban

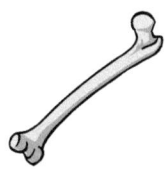

кістка

sümük

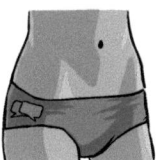

стегно

bud

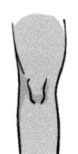

коліно

diz

лікоть

dirsək

ніс

burun

сідниці

sağrı

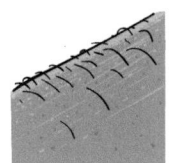

шкіра

dəri

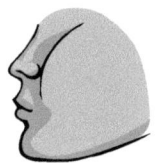

щока

yanaq

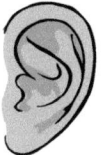

вухо

qulaq

губа

dodaq

тіло - bədən

рот

ağız

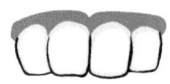

зуб

diş

язик

dil

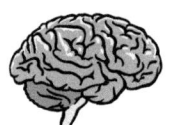

мозок

beyin

серце

ürək

м'яз

əzələ

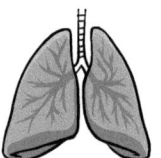

легені

ağciyər

печінка

qaraciyər

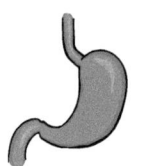

шлунок

mədə

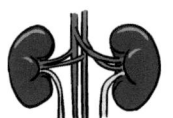

нирки

böyrəklər

статевий акт

cinsi yaxınlıq

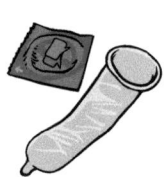

презерватив

kondom

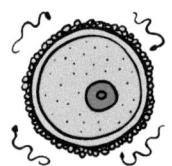

яйцеклітина

qadın cinsi hüceyrə

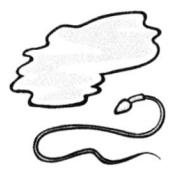

сперма

sperma

вагітність

hamiləlik

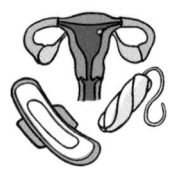

менструація
....
aybaşı

вагіна
....
vagina

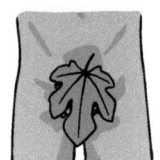

пеніс
....
penis

брова
....
qaş

волосся
....
saç

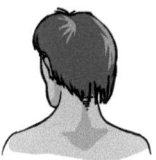

шия
....
boyun

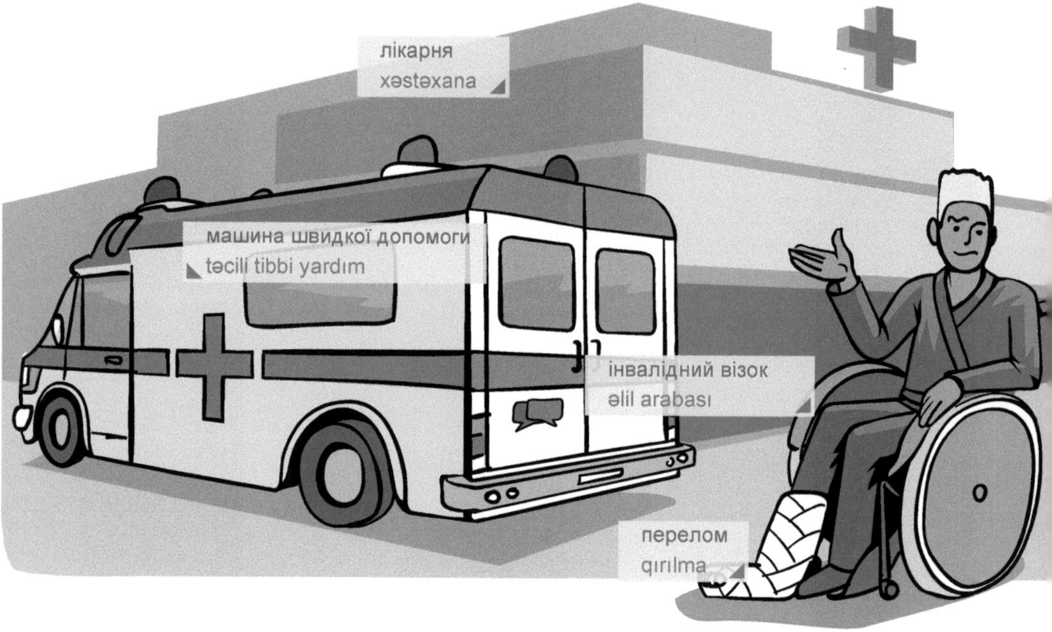

лікарня
xəstəxana

лікарня
xəstəxana
машина швидкої допомоги
təcili tibbi yardım
інвалідний візок
əlil arabası
перелом
qırılma

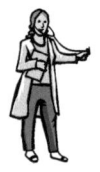

лікар

hәkim

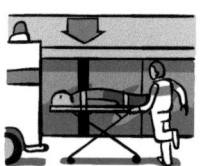

відділення швидкої медичної допомоги

reanimasiya şöbəsi

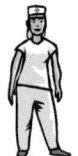

медсестра

tibb bacısı

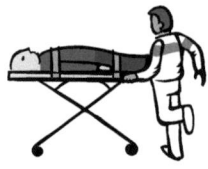

аварійний випадок

fövqəladə hallar

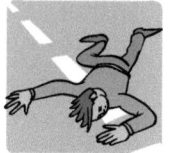

непритомний

huşunu itirmiş

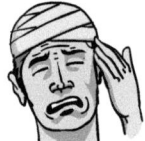

біль

ağrı

травма

zədə

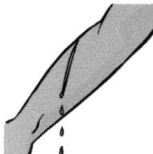

кровотеча

qanaxma

інфаркт

infarkt

інсульт

insult

алергія

allergiya

кашель

öskürək

лихоманка

qızdırma

грип

qrip

пронос

ishal

головна біль

başağrısı

рак

xərçəng

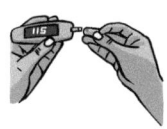

діабет

şəkərli diabet

хірург

cərrah

скальпель

neştər

операція

əməliyyat

лікарня - xəstəxana

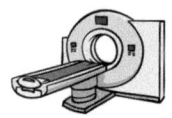

КТ

CT

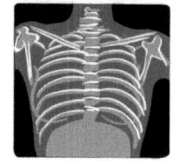

рентген

rentgen

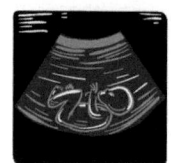

ультразвук

ultrasəs

маска

maska

хвороба

xəstəlik

зал очікування

gözləmə otağı

милиця

qoltuqağacı

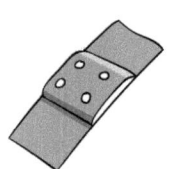

пластир

plaster

пов'язка

sarğı

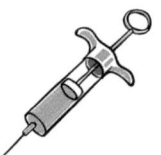

ін'єкція

inyeksiya

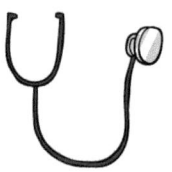

стетоскоп

steteskop

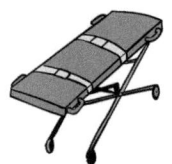

ноші

xərək

термометр

hərarətölçən

народження

doğum

надмірна вага

çəki artıqlığı

слуховий апарат

eşitmə aparatı

дезінфікуючий засіб

dezinfeksiyaedici

інфекція

infeksiya

вірус

virus

ВІЛ / СНІД

QİÇS

медицина

tibb

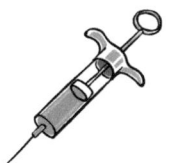

вакцинація

peyvənd

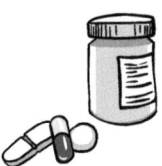

таблетки

həblər

протизаплідна пігулка

həb

екстрений виклик

təcili zəng

тонометр

qan təzyiqini ölçmək üçün cihaz

хворий / здоровий

xəstə / sağlam

Допоможіть!

Kömək edin!

сигнал тривоги

həyəcan siqnalı

напад

basqın

атака

hücum

небезпека

təhlükə

аварійний вихід

ehtiyat çıxışı

Вогонь!

Yanğın!

вогнегасник

odsöndürən

аварія

qəza

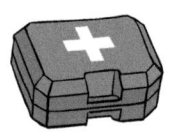

аптечка

ilkin yardım qutus

СОС

SOS

поліція

polis

Європа

Avropa

Північна Америка

Şimali Amerika

Південна Америка

Cənubi Amerika

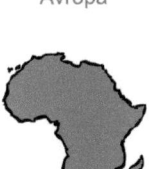

Африка

Afrika

Азія

Asiya

Австралія

Avstraliya

Атлантика

Atlantik

Тихий океан

Sakit Okean

Індійський океан

Hind okeanı

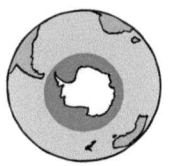

Антарктичний океан

Antarktika Okeanı

Північний Льодовитий океан

Şimal Buzlu okeanı

Північний полюс

Şimal qütbü

Південний полюс

Cənub qütbü

Антарктика

Antarktika

Земля

Yer kürəsi

суша

ölkə

море

dəniz

острів

ada

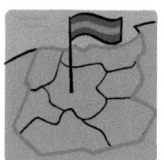

нація

millət

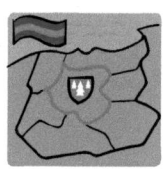

держава

dövlət

циферблат

siferblat

годинникова стрілка

saat əqrəbi

хвилинна стрілка

dəqiqə əqrəbi

секундна стрілка

saniyə əqrəbi

Котра година?

Saat neçədir?

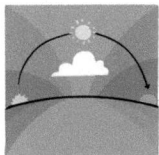

день

gün

час

vaxt

зараз

indi

цифровий годинник

rəqəmsal saat

хвилина

dəqiqə

година

saat

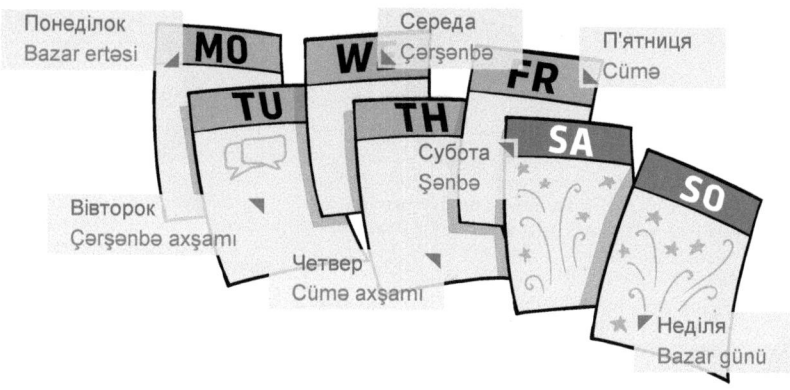

Понеділок
Bazar ertəsi

Середа
Çərşənbə

П'ятниця
Cümə

Вівторок
Çərşənbə axşamı

Четвер
Cümə axşamı

Субота
Şənbə

Неділя
Bazar günü

вчора

dünən

сьогодні

bugün

завтра

sabah

ранок

səhər

опівдні

günorta

вечір

axşam

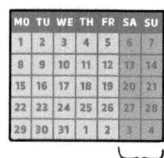

робочі дні

iş günü

кінець робочого тижня

həftə sonu

рік

il

дощ
yağış
веселка
göy qurşağı
вітер
külək
сніг
qar
весна
yaz
осінь
payız
літо
yay
зима
qış

4.APRIL 11°
5.APRIL 4°
6.APRIL 13°
7.APRIL 8°
8.APRIL 10°

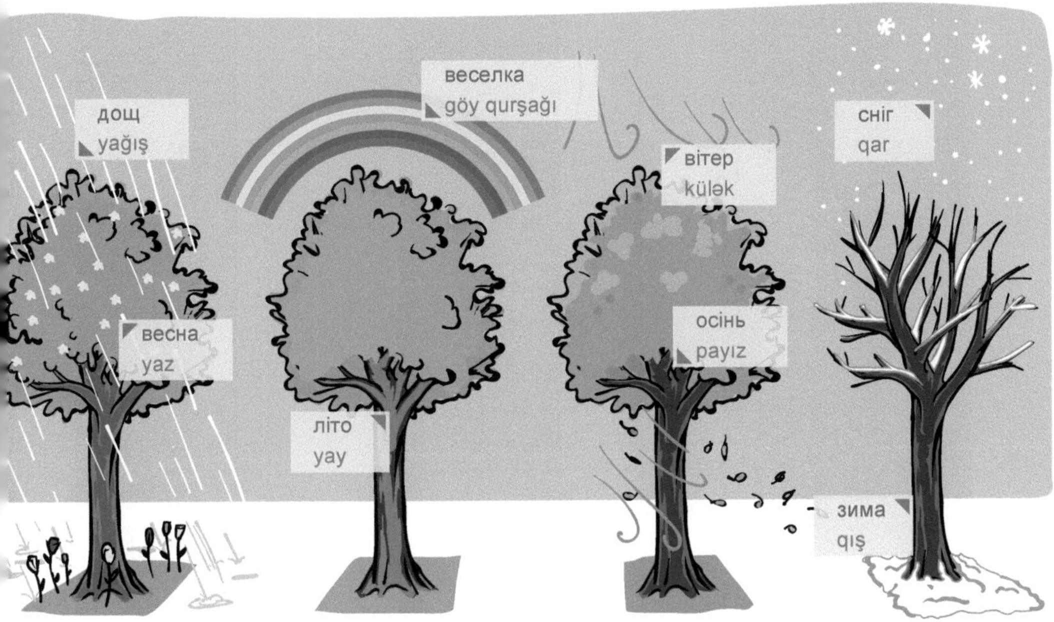

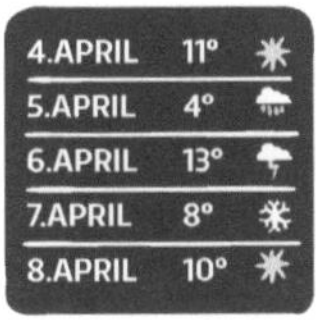

прогноз погоди

hava proqnozu

F C
120 90 60 30 0 -30
40 30 20 10 0 -10 -20

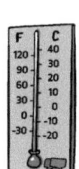

термометр

termometr

сонячне світло

günəş işığı

хмара

bulud

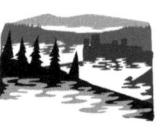

туман

duman

вологість повітря

rütubət

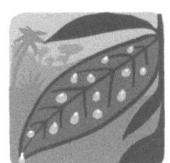

блискавка

ildırım

грім

göy gurultusu

шторм

fırtına

град

dolu

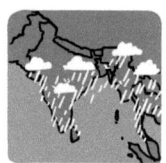

мусон

musson

повінь

daşqın

лід

buz

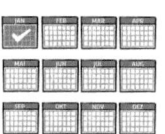

Січень

yanvar

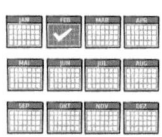

Лютий

fevral

Березень

mart

Квітень

aprel

Травень

may

Червень

iyun

Липень

iyul

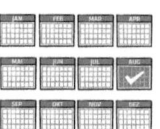

Серпень

avqust

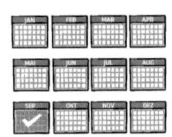

Вересень
....
sentyabr

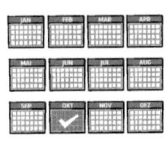

Жовтень
....
oktyabr

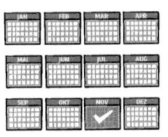

Листопад
....
noyabr

Грудень
....
dekabr

форми
formalar

круг
....
dairə

квадрат
....
kvadrat

прямокутник
....
düzbucaqlı

трикутник
....
üçbucaq

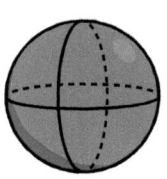

куля
....
kürə

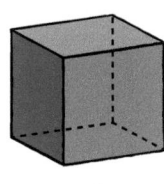

куб
....
kub

фарби
rənglər

білий

ağ

жовтий

sarı

помаранчевий

narıncı

рожевий

çəhrayı

червоний

qırmızı

фіолетовий

bənövşəyi

синій

mavi

зелений

yaşıl

коричневий

palıdı

сірий

boz

чорний

qara

багато / мало

çox / az

лютий / мирний

qeyzli / sakit

гарний / бридкий

yaraşıqlı / eybəcər

початок / кінець

başlanğıc / son

великий / малий

böyük / kiçik

світлий / темний

işıqlı / qaranlıq

брат / сестра

qardaş / bacı

чистий / брудний

təmiz / kirli

завершений /
незавершений
tam / natamam

день / ніч

gündüz / gecə

мертвий / живий

ölü / diri

широкий / вузький

geniş / dar

їстівний / неїстівний

yeməli / yeyilməyən

злий / дружній

hirsli / mehriban

збуджений / нудьгуючий

həyəcanlı / bezmiş

товстий / тонкий

kök / arıq

спочатку / востаннє

ilk / son

друг / ворог

dost / düşmən

повний / порожній

dolu / boş

жорсткий / м'який

sərt / yumşaq

важкий / легкий

ağır / yüngül

голод / спрага

aclıq / susuzluq

хворий / здоровий

xəstə / sağlam

незаконний / законний

qanunsuz / qanuni

розумний / дурний

ağıllı / axmaq

вліво / вправо

sol / sağ

поруч / далеко

yaxın / uzaq

протилежності - əksinə

новий / використаний

yeni / istifadə edilmiş

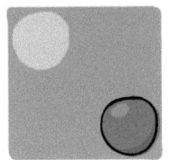

нічого / щось

heç bir şey / bir şey

старий / молодий

qoca / gənc

вкл / викл

açma / bağlama

відкрито / закрито

açıq / bağlı

тихо / гучно

sakit/ bərk

багатий / бідний

varlı / kasıb

правильно / неправильно

düzgün / səhv

шорсткий / гладкий

kobud / hamar

сумний / щасливий

kədərli / xoşbəxt

короткий / довгий

qısa / uzun

повільно / швидко

yavaş / sürətli

вологий / сухий

yaş / quru

гарячий / холодний

isti / sərin

війна / мир

müharibə / sülh

0

нуль

sıfır

1

один

bir

2

два

iki

3

три

üç

4

чотири

dörd

5

п'ять

beş

6

шість

altı

7

сім

yeddi

8

вісім

səkkiz

9

дев'ять

doqquz

10

десять

on

11

одинадцять

on bir

12
дванадцять
on iki

13
тринадцять
on üç

14
чотирнадцять
on dörd

15
п'ятнадцять
on beş

16
шістнадцять
on altı

17
сімнадцять
on yeddi

18
вісімнадцять
on səkkiz

19
дев'ятнадцять
on doqquz

20
двадцять
iyirmi

100
сто
yüz

1.000
тисяча
min

1.000.000
мільйон
milyon

англійська

İngilis dili

американська англійська

İngilis dilinin amerikan
variantı

китайська
високочиновницька

Çin dilinin Mandarin dialekti

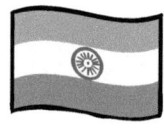

хінді

Hind dili

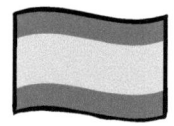

іспанська

İspan dili

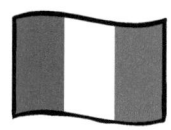

французька

Fransız dili

арабська

Ərəb dili

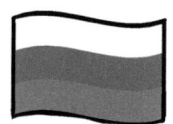

російська

Rus dili

португальська

Portuqal dili

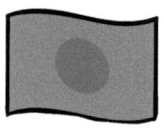

бенгальська

Benqal dili

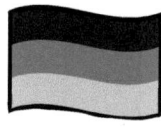

німецька

Alman dili

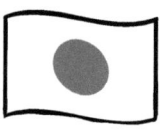

японська

Yapon dili

я
....
mən

ти
....
sən

вiн / вона / воно
....
o / o / o

ми
....
biz

ви
....
siz

вони
....
onlar

хто?
....
kim?

що?
....
nə?

як?
....
necə?

де?
....
harada?

коли?
....
nə zaman?

iм'я
....
ad

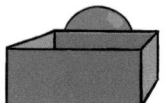

ззаду

arxadan

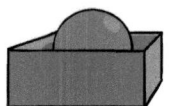

в

içində

перед

qarşısında

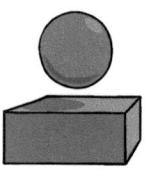

над

üzərində

на

dair

під

altında

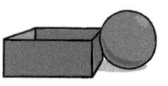

біля

yanaşı

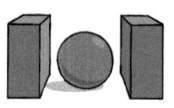

між

arasında

місце

yer